Ricky Roogle

Das nutzlose Buch
- Das absurde Beschäftigungsbuch

Zur Entstehungsgeschichte dieses Buches

Gnom, schreib mir ein Aktivitäts-buch.

Ja, Meister Roogle.

Bibliografische Information der Deutschen Nationalbibliothek:
Die Deutsche Nationalbibliothek verzeichnet diese Publikation in
der Deutschen Nationalbibliografie; detaillierte bibliografische
Daten sind im Internet über http://dnb.dnb.de abrufbar.

(c) 2022 Ricky Roogle; 1. Auflage
Covergrafik, Texte und Bilder: (c) 2022 Ricky Roogle
Kontakt Autor: ricky.roogle@t-online.de

Herstellung und Verlag: BoD – Books on Demand, Norderstedt

ISBN: 9783755766513

Sicherheitshinweis & Vorwort:

Beachte bitte, dass das Durchspielen der Aufgaben in diesem Buch zu schmuddeligen oder unsauberen Ergebnissen führen kann (Schmutz, Müll etc.). Wundere dich auch nicht, wenn du z.B. nass wirst oder deine Tischplatte oder auch Kleidung mehr Farbflecke oder Klebespuren aufweisen sollte als vorher.

Je weiter du mit den Aufgaben in diesem Buch kommst, desto katastrophaler wird der Zustand des Buchs. Allerdings wirst du auch mit zunehmender Bewältigung der Aufgaben eine neue schöpferisch Kraft in dir bemerken, die deine Sichtweise auf viele alltägliche Dinge vielleicht etwas spannender macht.

Lass dich inspirieren!

Dieses Buch gehört:

Name vor Nachname: _____

Name nach Vorname: _____

Name Wohnpfad: _____

Name Behausungsort: _____

E-Postkartenadresse: _____

Tele Kommunikationsziffern: _____

An den Finder des Buchs:

Sollte dieses Buch mal verbummelt worden oder verloren gegangen sein, bekommt der ehrliche Finder diesen Glückspunkt als Dankeschön fürs Zurückbringen!

*Aber erst zurückbringen, dann rausschneiden! Sonst entfaltet er nicht seine Wirkung!

Finderlohn:

-- Dies ist der Start des Buchs --

Zur Aktivierung der Aufgaben bitte noch die folgenden Informationen in die Kästchen eintragen:

Aktuelles Aktivierungsdatum:

(Aktuelles Datum aus einer Tageszeitung ausschneiden & einkleben!)

Aktuelles Gewicht des Buchs:

(Wiege das Buch mit einer Küchenwaage, Angabe in Gramm!)

Aktuelle Dicke des Buchs:

(Messe die Dicke (in Millimeter) mit einem Lineal!)

Bedienungshinweise:

1. Erledige alle Aufgaben mindestens so, wie im Buch beschrieben.

2. Schaffe neue Experimente durch Erweiterung oder Abwandlung der Aufgaben

3. Lass dieses Buch niemals alleine! Nimm es überall mit.

4. Arbeite es von vorne nach hinten, von hinten nach vorne oder einfach kreuz und quer durch!

Und das Wichtigste:

Ziehe es durch!

NIMM EINEN LOCHER UND LOCHE ALLE PUNKTE AUF DIESER SEITE WEG! KNICKE ODER FALTE DAS BLATT, UM DIE EINZELNEN PUNKTE ZU ERREICHEN.

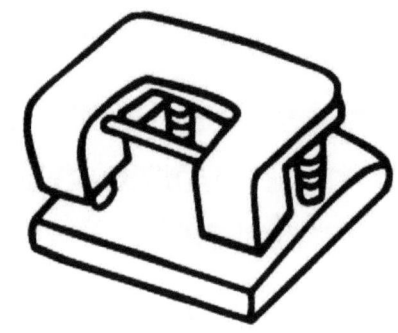

Nummeriere die Seiten des Buchs selber,
aber schreibe jede zweite Zahl aus!
Schreibe die Zahl immer in die äußere
untere Ecke jeder Seite.

hundert

m

sechsundzwanzig

85

17

zwölf

53

hundertvierzehn

achtundfünfzig

131

Tauche deinen Daumen in rote Tusche und mach viele Daumenabdrücke auf diese Seite!

KRITZEL HIER LAUTER FRAGEZEICHEN HIN, WÄHREND JEMAND MIT DIR SPRICHT!

Halte das Buch mit einer Hand hoch über deinen Kopf und zeichne mit der anderen Hand drei gerade Linien auf diese Seite!

1. Linie   2. Linie   3. Linie

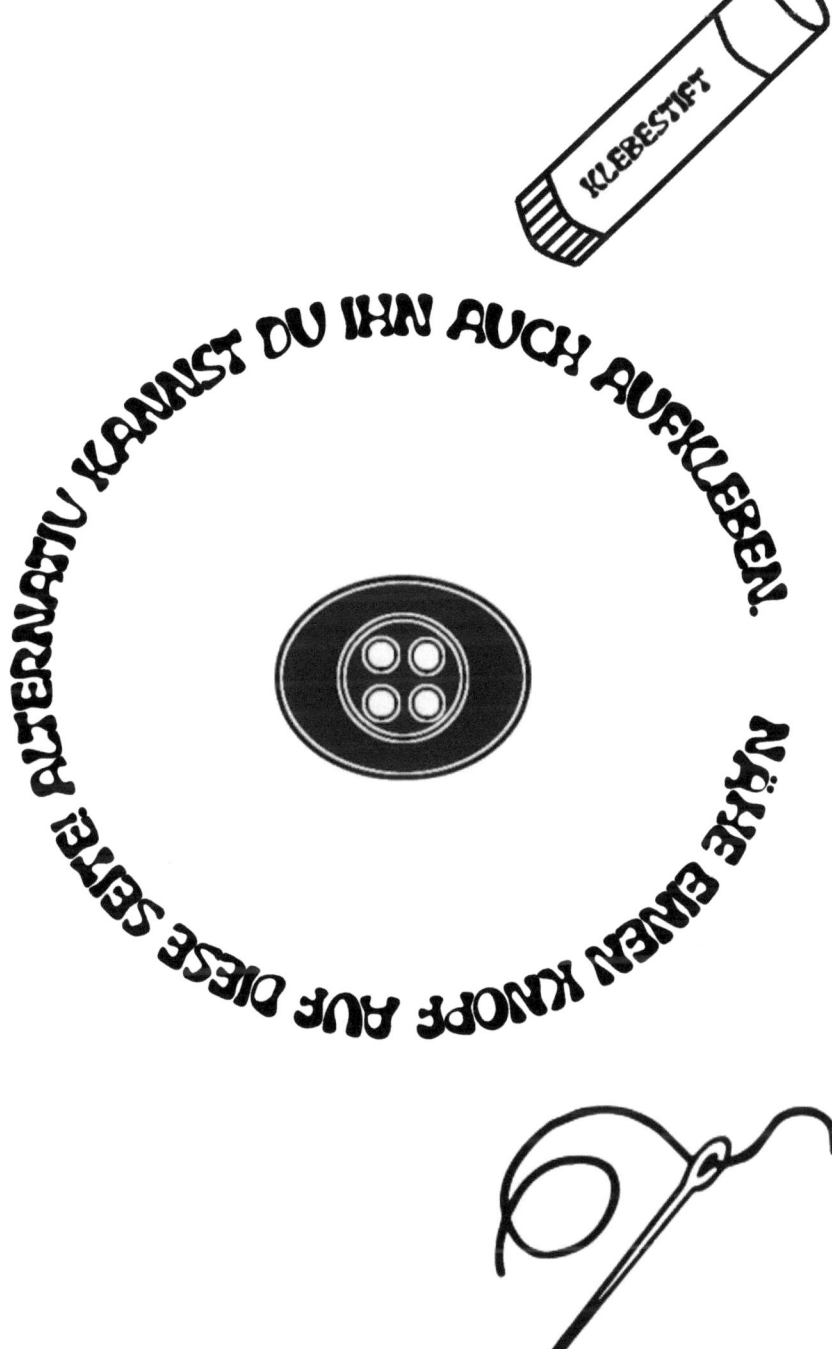

KLEBESTIFT

ALTERNATIV KANNST DU IHN AUCH AUFKLEBEN.

NÄHE EINEN KNOPF AUF DIESE SEITE

Sage
nichts
die
nächsten
drei
Minuten!
Male
pro
Sekunde
einen
Punkt.
Halte
dabei
den
Sekundentakt
ein!

Bitte jemanden, den du gut kennst, ein schreckliches Monster in den Bilderrahmen zu malen.

Nimm einen Tacker und tackere Verbindungslinien zwischen den Punkten! Knicke oder falte das Blatt, um die Punkte zu erreichen.

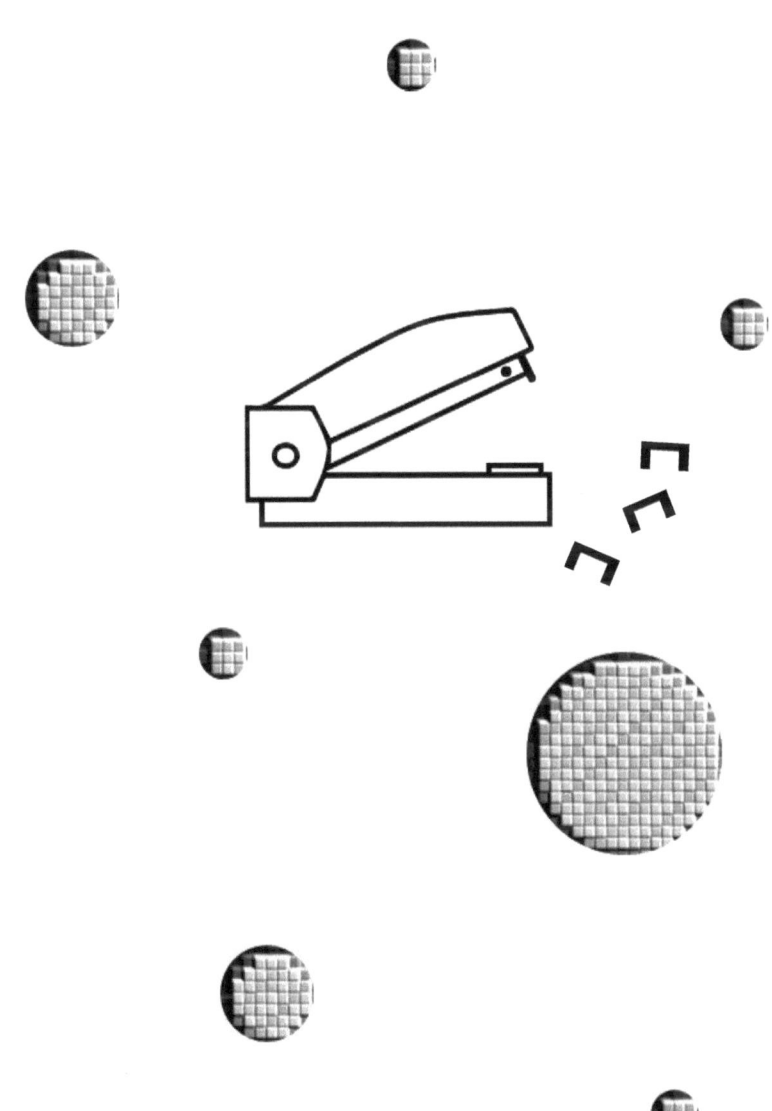

Entferne diese Seite aus dem Buch! Zerreiß das Papier in die kleinstmöglichen Fetzen. Beim nächsten guten Bekannten, den du triffst, wirfst du die Fetzen über euch beide in die Luft und rufst dabei laut:

"Schlechtes Wetter heute, oder?"

Entferne die Seite aus dem Buch.
Zerschneide sie in kleinste
Schnipsel.
Zeichne dann ein lachendes
Mondgesicht mit Klebstoff auf
der übernächsten Seite.
Streue dann die Schnipsel über
das Bild mit dem noch frischen
Klebstoff aus, so dass viele von
den Schnipseln kleben bleiben.

KLEBESTIFT

Male hier das lachende Mondgesicht mit dem Klebstoff und streue dann die Schnipsel darüber.

Die Klebe mit den Schnipseln sollte erst vollständig getrocknet sein, bevor du weiterblätterst.

MALE DEINEN ZEIGEFINGER

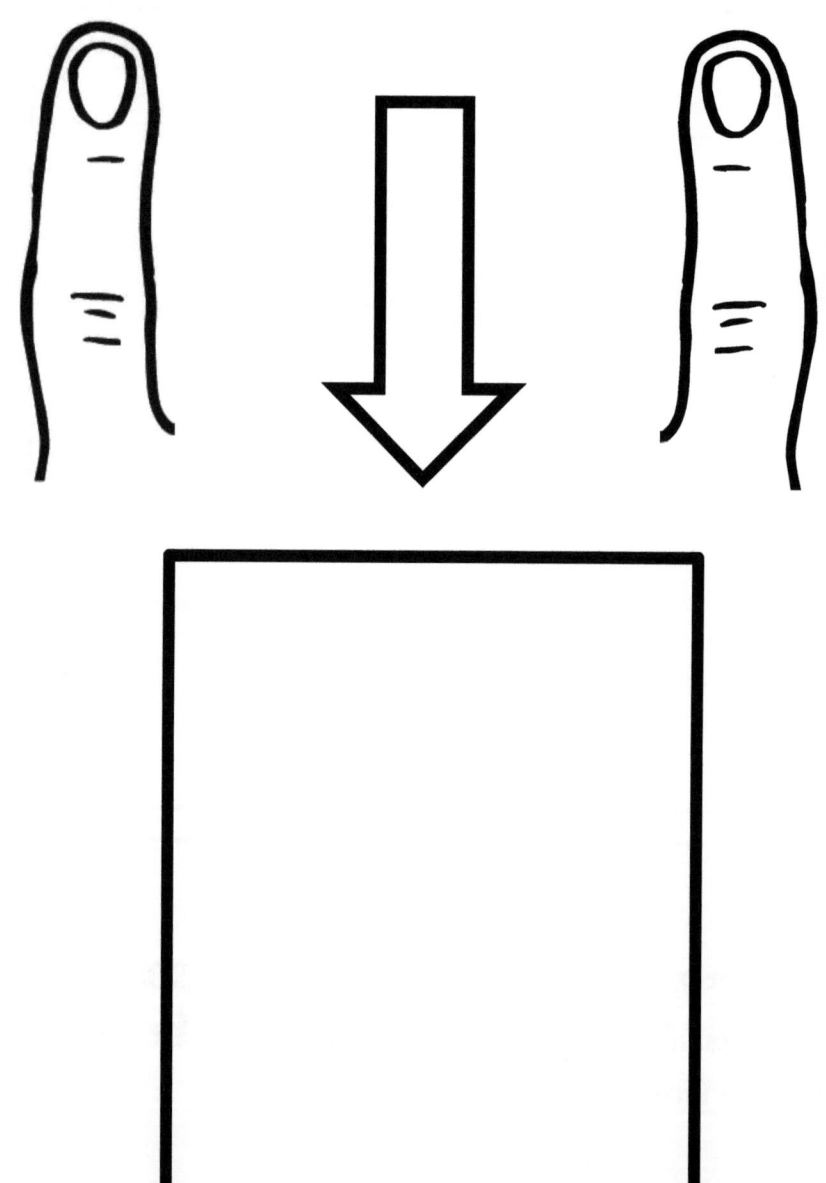

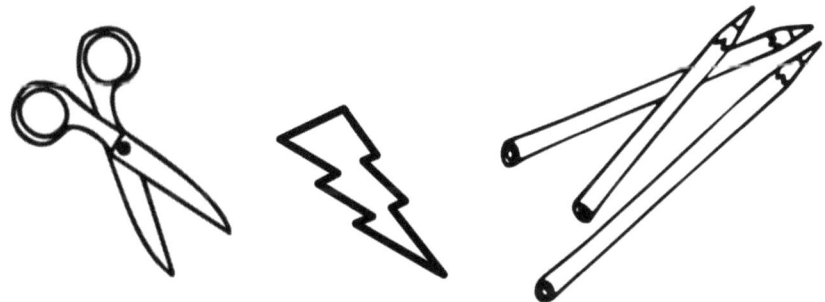

VERSAUE DIESE SEITE!
MAL MIT BUNTSTIFTEN DRAUF!
ZERKNÜLLE SIE!
FALTE SIE!
TACKERE SIE!
LOCHE SIE!
REIß STÜCKE AB!
BEKRITZEL SIE!
SCHNEIDE SIE EIN!
ABER BELASSE SIE IM BUCH!!

Was kannst du überhaupt nicht leiden? Beschreibe es genau, lass nichts aus und schreibe alles auf!

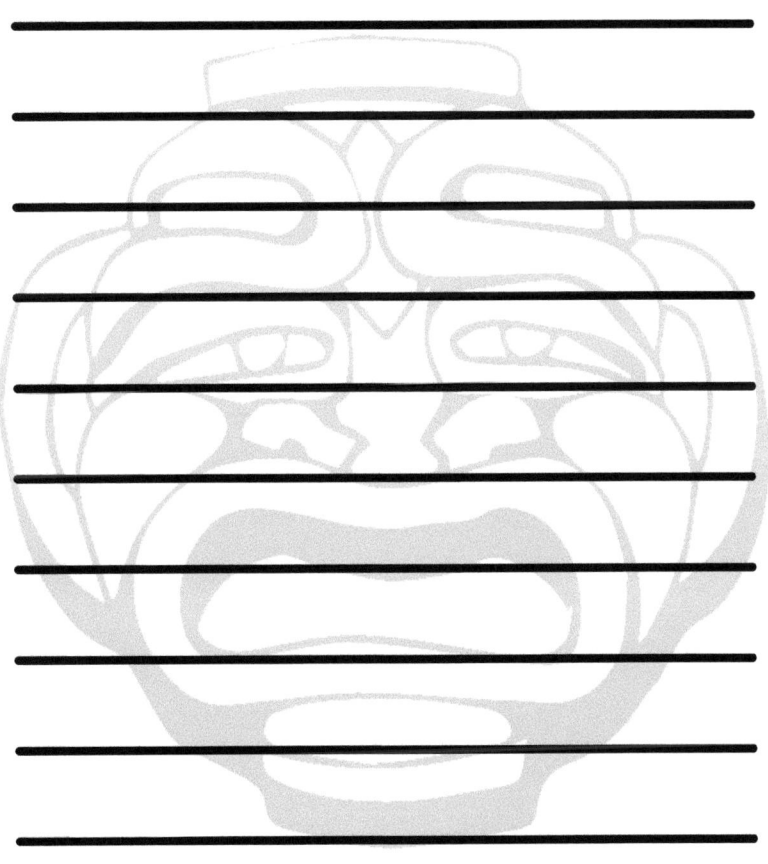

_____

_____

_____

_____

_____

_____

_____

_____

_____

Klebe hier alle Preisschilder auf, die dir unter die Finger kommen!

Ertränke diese Vorder-
und Rückseite in Parfüm!

Nimm dieses Buch in beide
Hände und knalle es mit
großer Wucht auf den
Tisch, ohne es loszulassen.
Erzeuge damit ein lautes
Knallgeräusch. Wiederhole
dies 30 Mal!

Lege das Buch mit diesen beiden Seiten geöffnet nach draußen, wenn es regnet und lass es vollregnen! Oder halte es für einen kurzen Moment unter einen Wasserstrahl.

Klemme deinen Stift zwischen Mittelfinger und Zeige- und Ringfinger und schreibe die Zahlen 1 bis 10 auf diese Seite!

RUBBEL ODER
KRATZE AN DREI
BELIEBIGEN
STELLEN DIE
SCHWARZE FARBE
WEG, OHNE EIN
LOCH IN DIE SEITE
ZU KRATZEN!

Stecke Büroklammern auf die drei Ränder dieser Seite. Dann tackere die Klammern fest.

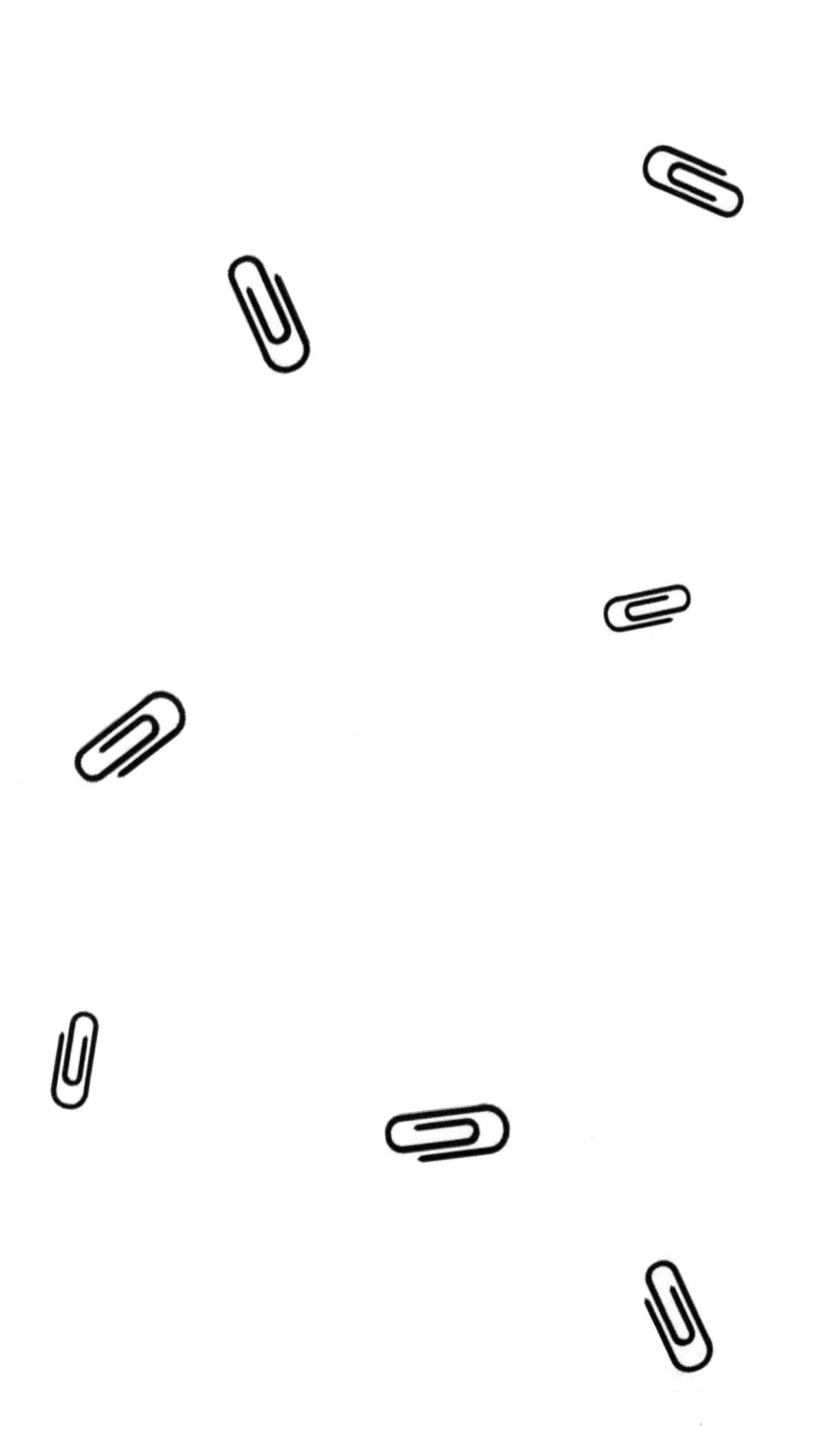

Klebe auf diese Seite eine alte DVD oder CD ein!

KLEBESTIFT

Zeichne ein heilloses Durcheinander mit einem Bleistift. Erschaffe ein zeichnerisches Chaos. Drücke dabei ordentlich auf!
Radiere dann alles wieder weg und zwar so, dass die Seite dabei Falten schlägt und die Druckspuren sichtbar bleiben.

Präge dir die Lage
der Sterne ein. Dann
nimm einen Stift,
schaue nicht auf das
Blatt und versuche,
die Sterne durch
Linien miteinander
zu verbinden!

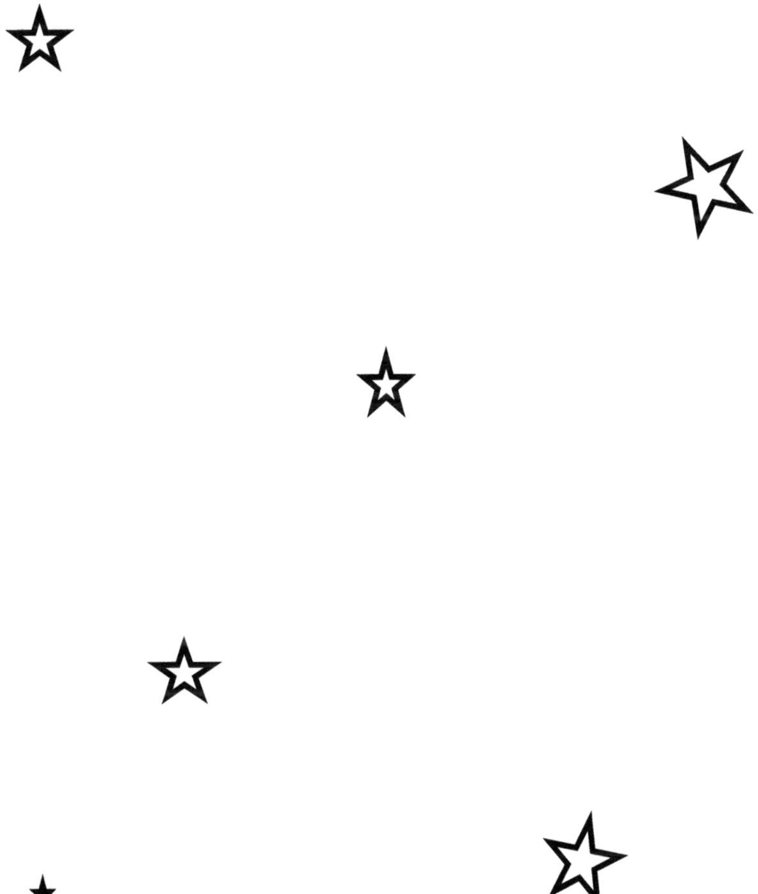

Lass das Buch direkt vor jemanden fallen, den du kennst und bitte diese Person, das Buch für dich aufzuheben!

Bedanke dich freundlich fürs Aufheben und schaue der Person dabei ganz lange in die Augen.

Entferne aus dem Zeichenheft die Buchseite komplett und Entfalte die Seite und reiß die Ecken ab. Klebe dann die Seite wieder glätte es Danach wieder in das so klebst die Ecken Buch! wieder in das Buch

Male blind ein Strichmännchen auf diese Seite, indem du beim Malen eine Hand vor deine Augen hältst.

Nutze diese Seite als Spardose. Klebe so viele Geldmünzen wie du möchtest in den Bilderrahmen. Nutze dafür transparente Klebestreifen

MACH EINEN PLAN FÜR DEN MORGIGEN TAG!

08:00 Uhr_____

10:00 Uhr_____

12:00 Uhr_____

14:00 Uhr_____

16:00 Uhr_____

18:00 Uhr_____

22:00 Uhr_____

 **Tropfe** den Saft deiner
Lieblingsfrüchte
in die vier
Vordrucke
auf diese Seite!
Und
schreibe
den
jeweiligen
Fruchtnamen
darunter.

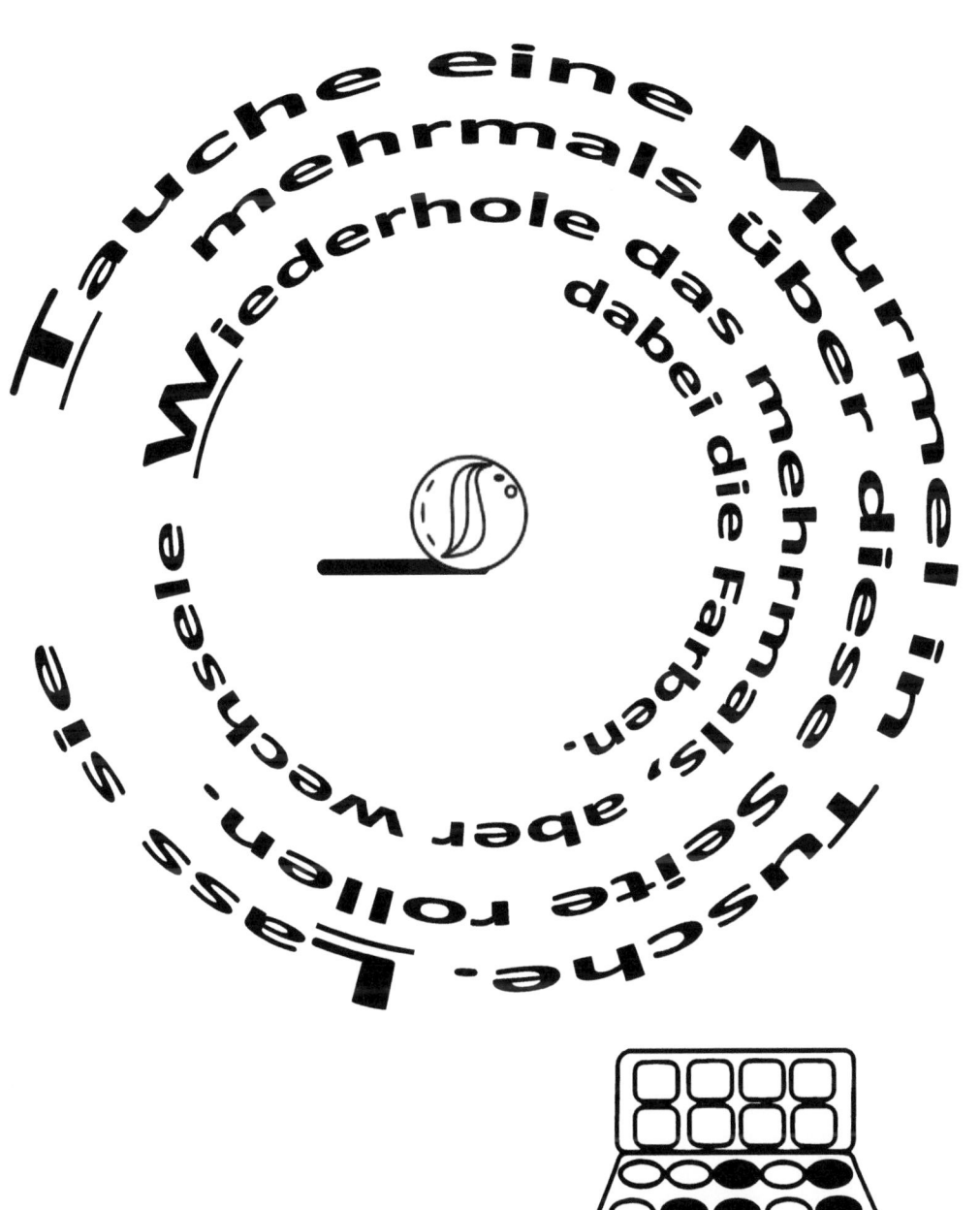

Tauche eine Murmel in über diese mehrmals Wiederhole das mehrmals, aber wechsle dabei die Farben. Wiederhole das Seite rollen. Lass sie Tusche. Lass sie über diese Seite rollen.

Ziehe mit einem Lineal wahllos Linien auf dieser Seite. Nimm eine Schere und schneide dann diesen Linien entlang. Achte darauf, dass du dabei nichts von der Seite abschneidest

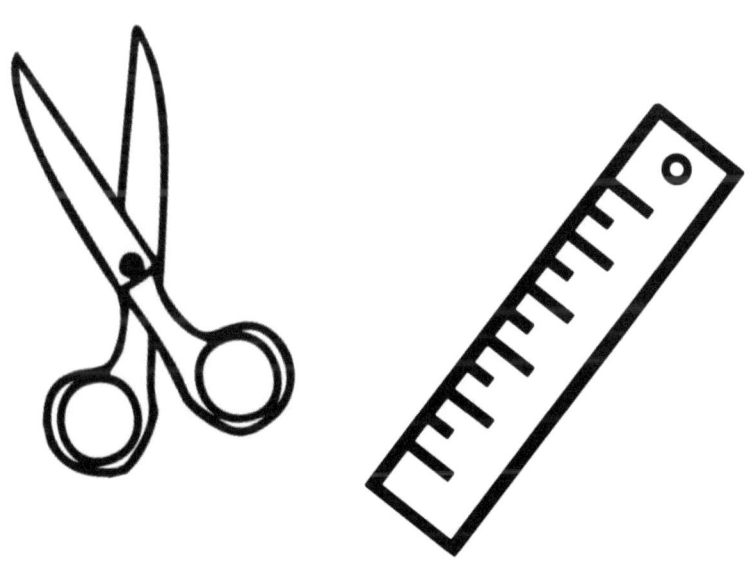

Nimm einen
Tacker und
tackere den ersten
Buchstaben deines
Vornamens an
einen Rand dieser
Seite.

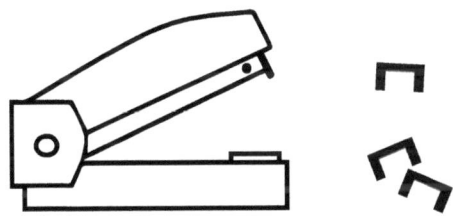

Beispiel Buchstabe A

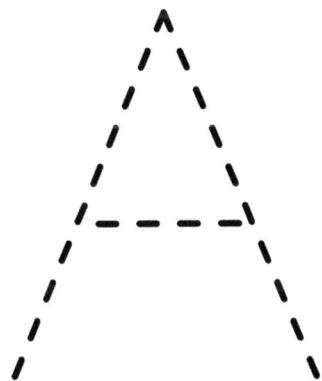

Zupfe Fusseln von deinen Pullovern und klebe sie in die Kreise. Gruppiere die Fusseln nach Farbe.

ENTFERNE DIESE SEITE AUS DEM BUCH UND NUTZE SIE ALS UNTERSETZER FÜR DEINE TRINKGLÄSER. ACHTE DARAUF, DASS DAS TRINKGLAS MÖGLICHST INNERHALB DER MARKIERUNG STEHT. WEIST DIE SEITE GENUG RÄNDER UND FLECKEN AUF, DANN KLEBE SIE WIEDER INS BUCH.

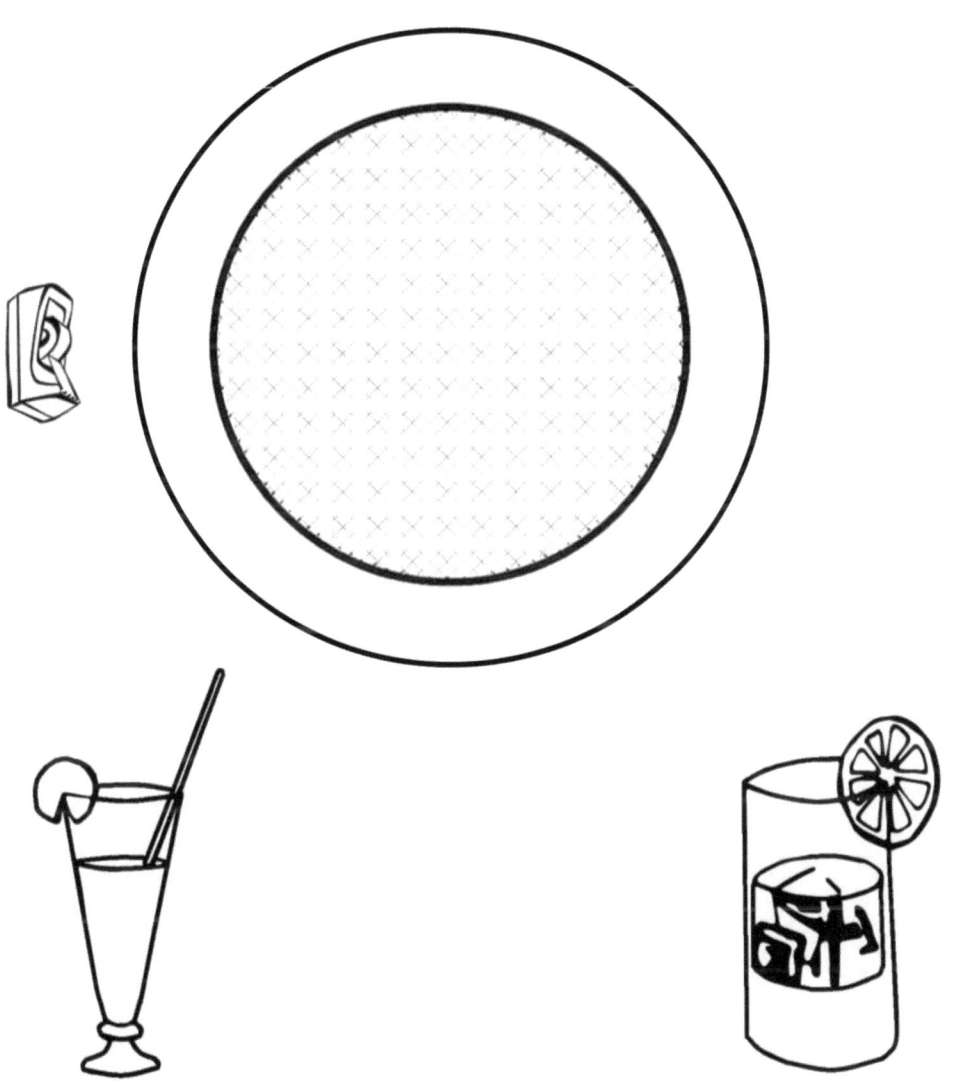

Rückseite

Nimm Fotos, auf denen du dir nicht gefällst und auf die du verzichten kannst und schneide dann einzelne Teile von dir aus. Füge diese auf witzige Weise zusammen und klebe dein Werk hier ein.

KLEBESTIFT

Sammle Staub mit deinen Fingern und wische ihn in den Kreis bis dieser ausgemalt ist.

Erstelle dir eine
Buchtasche!
Klebe an den
gestrichelten Linien
entlang und drücke diese
und die nächste Seite
aufeinander!

Schneide eine schöne Werbung aus einer Zeitung und klebe sie auf diese Seite!

Entferne diese Seite aus dem Buch. Schneide den mit ‚Kügelchen' markierten Teil von der Seite ab. Forme hieraus ein kleines Kügelchen!

Lege dann das Blatt mit der Rückseite (Spielfläche) nach oben auf eine ebene Unterfläche.

Platziere das Kügelchen auf die Startposition und schnippe es dann in Richtung Tor. Bleibt das Kügelchen im Tor liegen, hast du gewonnen. Du hast zehn Versuche!

Klebe danach die Seite wieder ins Buch.

Kügelchen

ZIEL

STARTPOSITION

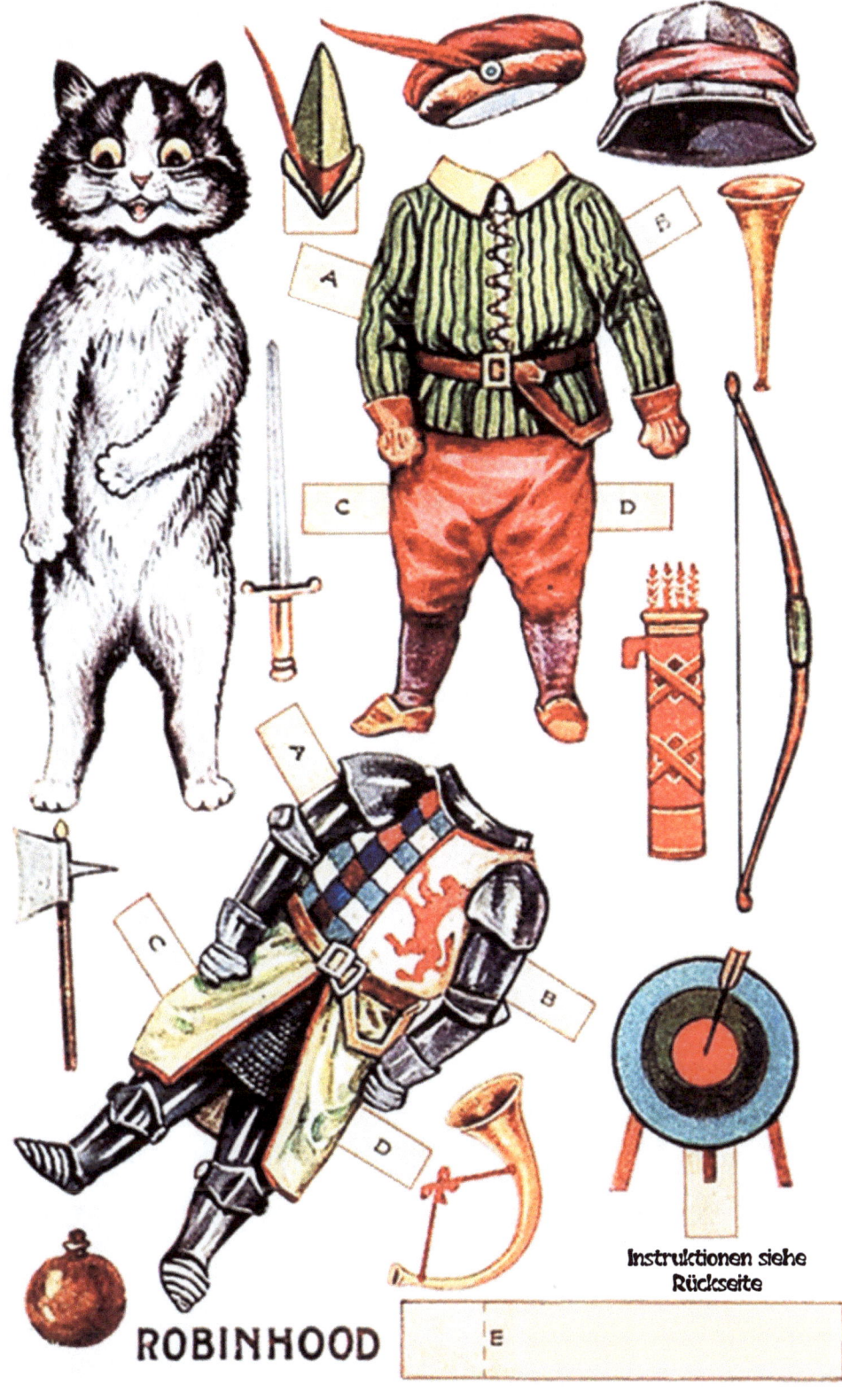

ROBINHOOD

Instruktionen siehe
Rückseite

Robin Hood
Katzenfigur zum Aufstellen

ANLEITUNG

Schneide die Katze vorsichtig mit einer Schere aus. Anschließend die Kopfbedeckungen und die kleinen Anzüge und achte darauf, dass die kleinen Laschen A, B, C und D nicht abgeschnitten werden. Um Robin anzuziehen, biege die kleinen Laschen A und B um seine Schultern zurück und dann C und D. Um die Kopfbedeckungen aufzusetzen, schneide an der Stelle eine Öffnung, die durch eine dicke schwarze Linie markiert ist. Um Robin hinstellen zu können, schneide die mit E markierte Strebe aus. Biege dann die gestrichelte Linie nach vorne und klebe diese Strebe an den Rücken, direkt zwischen die Schultern von Robin.

Stell deinen bloßen Fuß soweit es geht, auf diese Seite. Zeichne den Umriss deiner Zehen nach.

Bitte jemanden, den du kennst etwas über dich auf die Seite zu malen.

NIMM GEKOCHTE SPAGHETTI UND KLEBE SIE SO IN DAS WEIßE FELD VOM HERZ, DASS SIE EINE GESCHLOSSENE LINIE UM DAS SCHWARZE HERZ BILDEN.

MACHE ZEHN KLEINE KLECKSE AN UNTERSCHIEDLICHEN STELLEN MIT KETCHUP AUF DIESE SEITE UND VERBINDE SIE DANN DURCH VERSCHMIEREN MIT DEN FINGERN MITEINANDER!

Nimm jeweils einen Stift in die linke und rechte Hand und ziehe mit beiden Stiften gleichzeitig einen Strich durch die beiden Kanäle, ohne über die Seitenlinien zu malen.

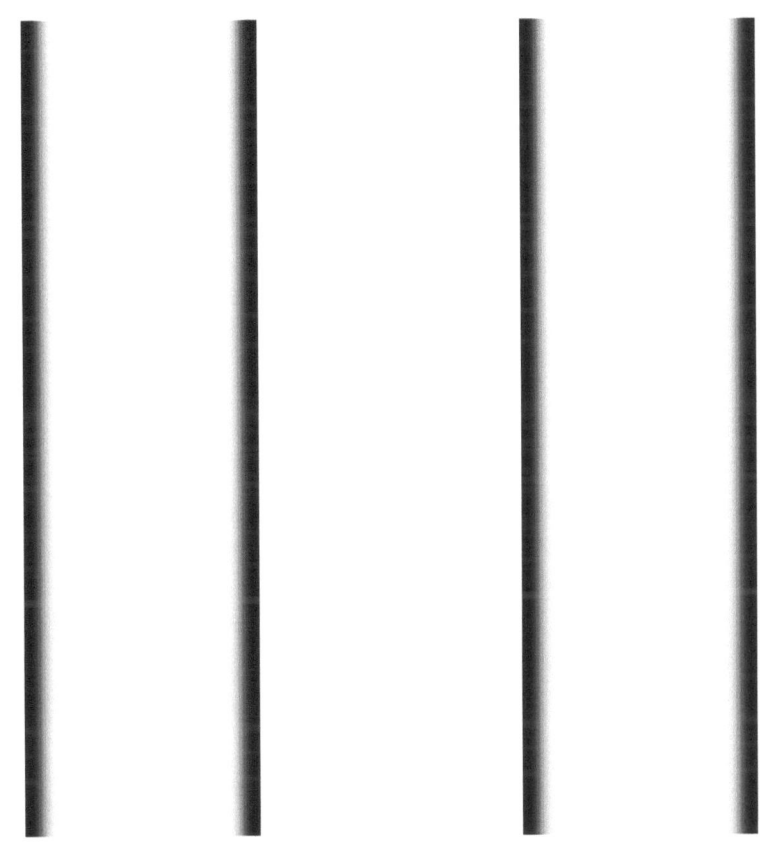

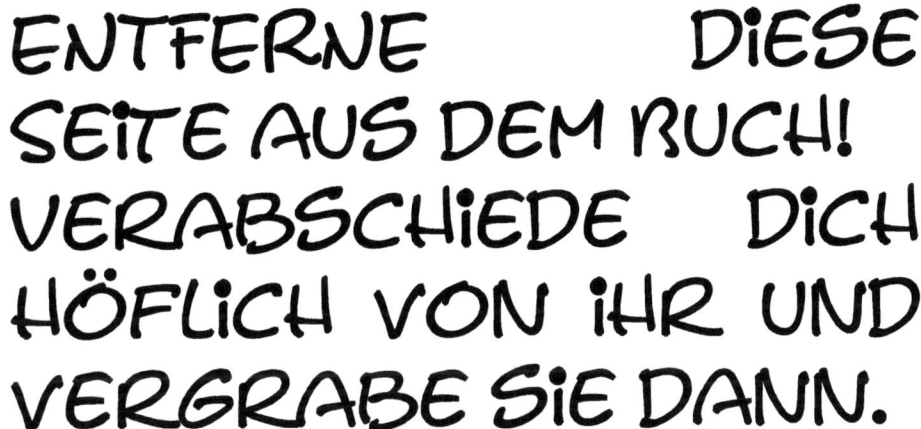

ENTFERNE DIESE SEITE AUS DEM BUCH! VERABSCHIEDE DICH HÖFLICH VON IHR UND VERGRABE SIE DANN.

Markiere alle weißen Felder im Bild mit einem kleinen Kreuz. Zähle sie dabei!

Was ist das Langweiligste, was dir je passiert ist? Male ein passendes Mondgesicht zu deinem Gefühl, welches du hierbei empfunden hattest.

Halte deinen Stift zwischen Daumen und kleinen Finger und male ein Strichmännchen!

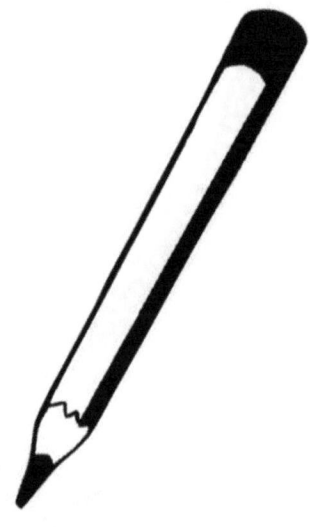

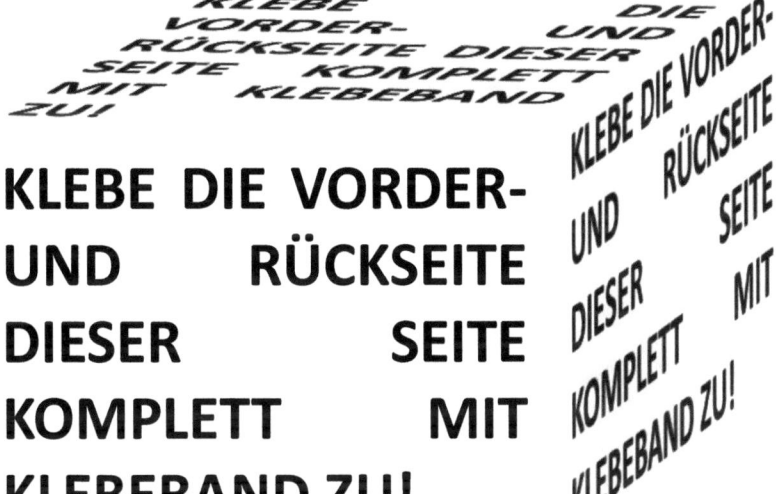

**KLEBE DIE VORDER-
UND RÜCKSEITE
DIESER SEITE
KOMPLETT MIT
KLEBEBAND ZU!**

Zeit für eine kreative Pause. Male das Ausmalbild auf der Vorderseite schön bunt aus. Achte darauf, dass du nicht über die Linien malst. Es darf am Ende keine unausgemalte Stelle mehr übrig sein.

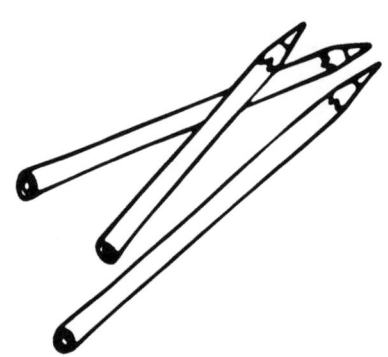

Lege dir das Buch auf deinen Kopf. Nun gehe so zur Toilette und komme wieder zurück, ohne dass es runterfällt.

Male auf der nächsten Seite eine unendliche Linie, immer möglichst nahe am Rand der Seite entlang, ohne den Stift dabei abzusetzen. Die Linie darf sich selbst nicht kreuzen. Der Punkt markiert den Start.

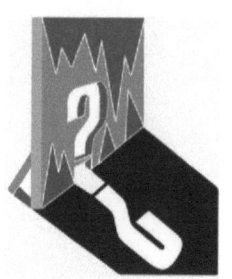

Schreibe die Vornamen deiner drei engsten Freunde oder Familienmitglieder rückwärts in die Pfeile!

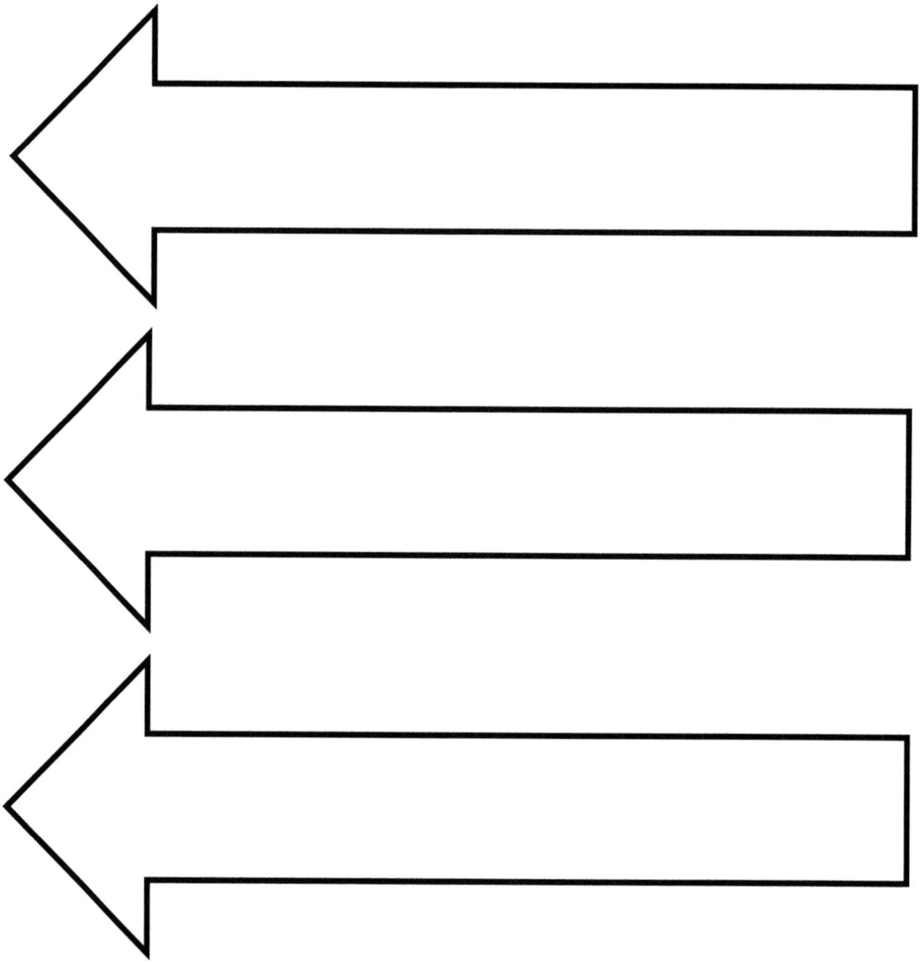

Nutze den Vordruck dieser Seite als Postkarte. Schneide sie aus, schreibe einen Kurzwitz darauf, unterschreibe sie und wirf sie dann in den Briefkasten eines Freundes!
Sei auf die Reaktion gespannt!

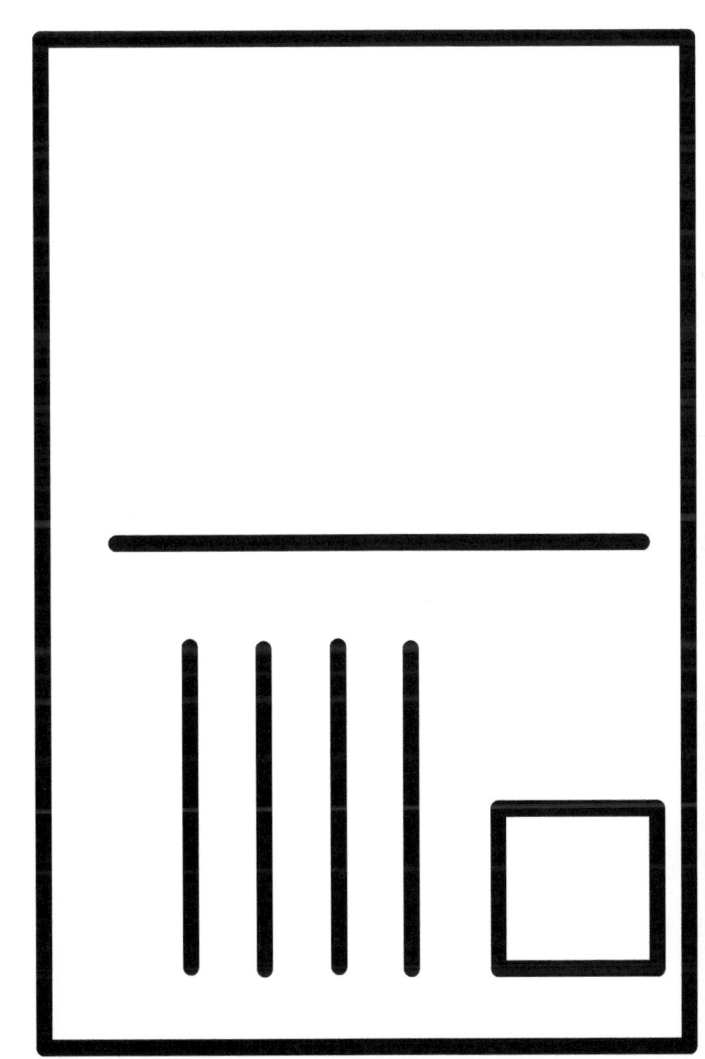

Rufe jemanden an, den du magst, presse diese Buchseite dabei vor deinen Mund und erkläre, was du gerade machst!

MALE DEINE HAND. ACHTE DARAUF, DASS NUR DIE DAUMENSPITZE DABEI DAS BLATT BERÜHR T!

LASS LANGSAM WASSER-TROPFEN AUF DAS BLATT FALLEN! VERSUCHE DABEI, IN DIE MARKIERUNGEN ZU TREFFEN. UMMALE DANN DIE GETROCKNETEN RÄNDER MIT BUNTEN FARBEN.

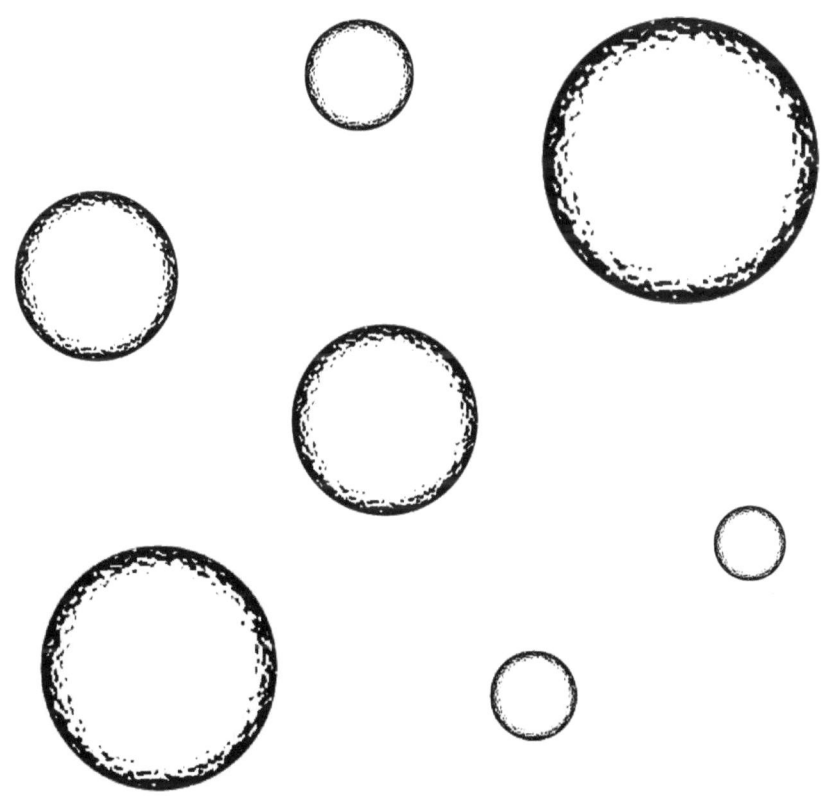

Entferne diese Seite aus dem Buch. Pikse Löcher in die Markierungen! Stecke einen spitzen langen Bleistift so durch die Löcher, dass alle Löcher mit diesem einem Stift aufgespießt sind und ohne, dass dabei das Blatte zerreißt! Klebe danach die Seite wieder in das Buch.

LEGE DAS BUCH AUFGEKLAPPT AUF DEN BODEN UND

SPRINGE 25 MAL MIT HAUSSCHUHEN ODER SOCKEN

DARAUF RUM. BLÄTTERE NACH JEDEM SPRUNG UM.

Nimm irgendeine Zeitung und schneide Wörter, die du am liebsten magst heraus. Klebe sie auf diese Seite und wiederhole dies solange, bis keine freie Stelle mehr übrig ist!

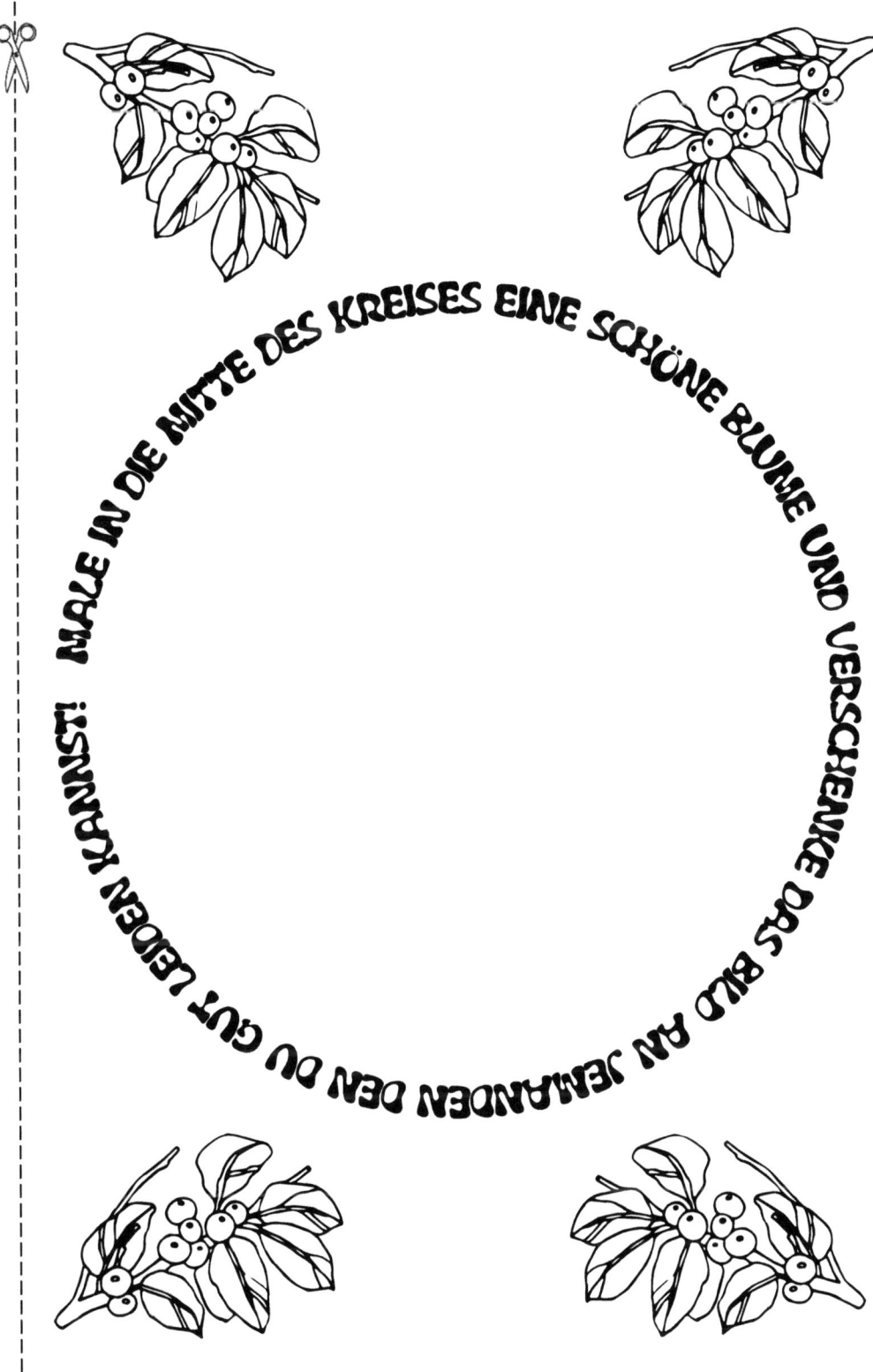

MALE IN DIE MITTE DES KREISES EINE SCHÖNE BLUME UND VERSCHENKE DAS BILD AN JEMANDEN DEN DU GUT LEIDEN KANNST!

Klebe ein Foto von dir in den Vordruck und fülle alle Angaben aus. Schneide dann den Ausweis an den gestrichelten Linien entlang aus.

KLEBESTIFT

MACHE DIR

AUSWEIS!

Titel:

_____

_____

Foto

Name, Vorname: _____

Straße: _____

Postleitzahl: _____

Ort: _____

Identnummer: _____

DEINEN

EIGENEN

ZEICHNE DICH SELBER. LÄCHLE DABEI. ENTFERNE DIE SEITE AUS DEM BUCH UND HÄNGE SIE INS BAD. NUTZE DAS BILD ALS SPIEGELERSATZ!

Zerschneide das Blatt entlang der gestrichelten Linien und mische die Schnipsel. Versuche dann, das Viereck wieder zusammenzusetzen!

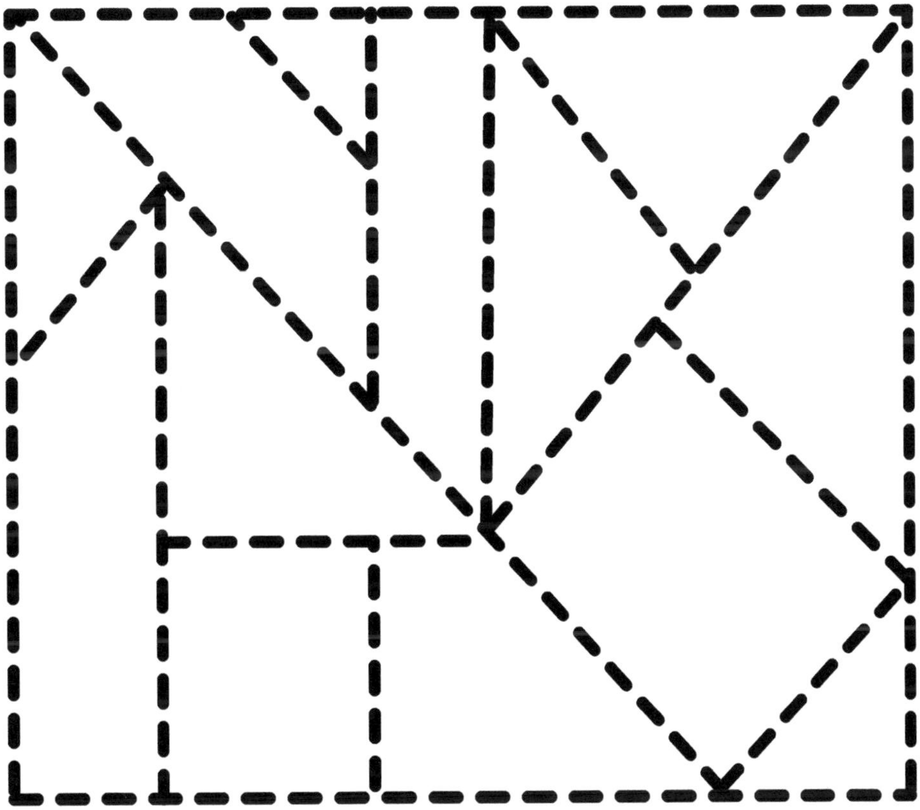

TAUCHE
DIE
FINGERKUPPEN
DEINER
FINGER
IN
FEUCHTE
TUSCHE
UND
SCHMIERE
SIE
KREUZ
UND
QUER
ÜBER
DIESE
SEITE.
WECHSELE
DABEI
DIE
FARBEN.

Schneide das Dreieck exakt den gestrichelten Linien entlang aus und schätze, wie oft es nebeneinandergesetzt in die jeweiligen Formen passen könnte. Schreibe deine Schätzung in jeden Vordruck. Überprüfe deinen Schätzwert, indem du durch Anlegen des ausgeschnittenen Dreiecks ausprobierst, wie oft es tatsächlich in die jeweiligen Formen passt, ohne sich dabei zu überlappen.

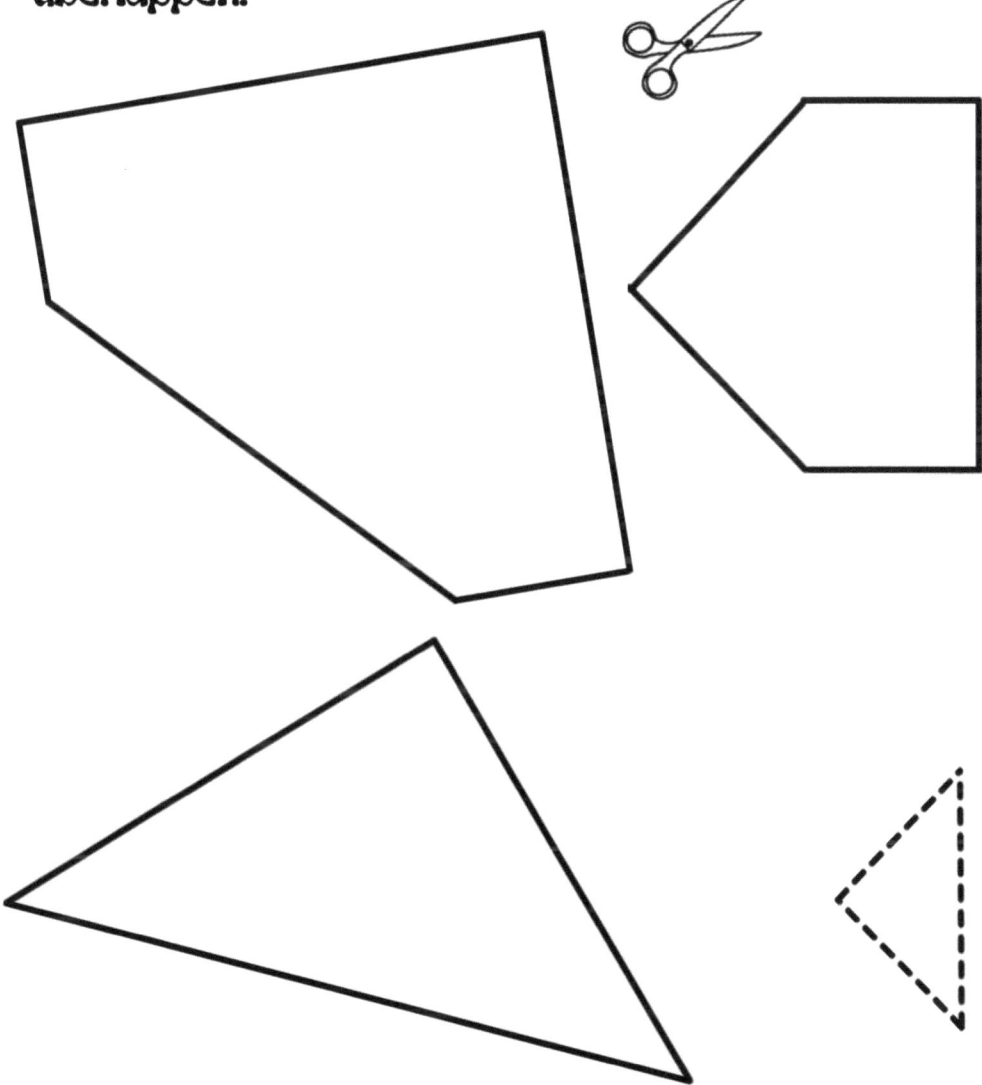

Mache dein eigenes Wasserzeichen!
Nimm etwas Margarine oder Butter
und zerreibe sie zwischen deinen
Fingerkuppen.
Male dann damit dein Wasserzeichen
(z.B. ein Smiley) in das Kästchen!

MALE DAS FOLGENDE BILD FARBIG AUS!
GIB DABEI DEN FOLGENDEN
KÖRPERTEILEN JEWEILS ANDERE
FARBEN:
NASE, AUGEN, FLÜGEL, HÄNDE, ARME,
BEINE, FÜßE, SCHWANZ, KÖRPER,
FANGZÄHNE, RÜCKENFLECKEN.
NUTZE HIERZU NUR FARBEN, DIE ROT
ENTHALTEN.

Schreibe deinen Vor- und Nachnamen mit der linken Hand (mit der Rechten, wenn du Linkshänder bist)!

_____

Dein Vorname

_____

Dein Nachname

Nimm ein paar deiner Haare. Lege sie so auf den weißen äußeren Ring, dass sie einen Kreis miteinander formen. Fixiere dein Ergebnis, indem du die Haare mit Tesafilm auf diese Seite klebst.

Rette ein Laubblatt oder eine kleine Blume für die Nachwelt und lege es zum Trocknen und Konservieren zwischen diese beiden Seiten in das Buch!

Schneide die Spitze einer rohen Karotte quer ab. Nutze die Karotte als Stift und schreibe mit dem austretenden Saft deinen Namen auf diese Seite!

Schreibe in die Gedankenwolke, wovon du träumen möchtest und lege das Buch vor dem Zubettgehen unter dein Kopfkissen!

Umkringele alle Worte auf dieser Seite, die ein großes oder kleines ‚N' enthalten!

Warum also hatte ihn dieses Seidenäffchen so in Harnisch gebracht? Er sammelte seine Gedanken — nur alles der Reihe nach. Katrin Lustig war vor vier Tagen angekommen, tat gleich abends hinter der Ofenbank furchtbar geschwollen und spielte sich geradezu lächerlich auf. Es gab bald ein großes Rätselraten, um ihren Beruf nämlich. Als man wissen wollte, welcher Art ihr Beruf wäre, lächelte sie entzückend boshaft und behauptete, niemand am Tisch wäre imstande, ihren Beruf zu erraten. Als man ihn nach einer Viertelstunde wirklich noch nicht erraten hatte, umgab sie sich mit einem geradezu strahlenden Nimbus. Ja, sie setzte eine Wette an. Sie allein gegen den ganzen Ofentisch, an dem ausgekochte Betthupferl saßen. Unter ihnen Tim von der Mühlen und Peter Pinkenkötter; Doris Langenbach, die schöne Witwe mit ihrer siebzehnjährigen Tochter Angela; Kilian Stein, der bekannte Slalomläufer, der immer ein feuchtes Hemd hatte, weil ihm bei jeder Gelegenheit der Schweiß ausbrach, und der siebzigjährige ewige Skiläufer, den sie Fürst nannten. Gegen alle diese zünftigen Helden auf den langen Brettern also setzte sie eine Wette auf in Gestalt einer gewaltigen Seehundbowle.
Niemand erriet ihren Beruf und Katrin Lustig gewann den Punsch. Sie freuten sich alle, nur Flori war wütend, weil das Schaukelpferd sich so aufspielte. Nun aber endlich heraus mit der Sprache! Welcher Beruf, beim Henker, war es? Katrin Lustig verriet ihn nicht. Die anderen sollten selbst draufkommen. Sie orakelten also drei Tage an einem armseligen Beruf herum und fanden ihn nicht.
War sie am Ende Astronom oder Walfischfänger?
Oder Kammerjäger?
Nein.
Züchtete sie Schleierschwanzfische?
Auch nicht.
Am vierten Tage kam es heraus.

SEIFE DIESE SEITE ORDENTLICH EIN!

KAUFE DIR EINE MILLION MAL
DIESES BUCH UND BAUE DAMIT
DEN EIFFELTURM IM MASSSTAB
1 ZU 10 NACH! ☺

-- Dies ist das Ende des Buchs --

Zur Fertigstellung bitte noch die folgenden Informationen in die Kästchen eintragen:

Aktuelles Datum:

(Aktuelles Datum aus einer Tageszeitung ausschneiden & einkleben!)

Aktuelles Gewicht des Buchs:

(Wiege das Buch mit einer Küchenwaage. Angabe in Gramm!)

Aktuelle Dicke des Buchs:

(Messe die Dicke (in Millimeter) mit einem Lineal!)

Vergleiche nun mit den Daten der Aktivierung und ermittele die Unterschiede!

Gut gemacht, Gnom. Dieses Buch ist zwar absolut nutzlos, aber eine kurzweilige Beschäftigung.

Ende

Danke, Meister Roogle.

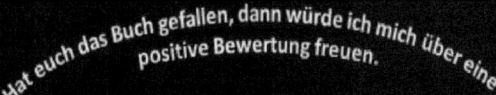
Hat euch das Buch gefallen, dann würde ich mich über eine positive Bewertung freuen.

Von diesem Buch ist nichts Sinnvolles zu erwarten. Es ist vollgepackt mit unzähligen absurden und unmöglichen Rätseln, verdrehten Cartoons und Witzen, sowie paradoxen Szenarien, die das Weltbild jeden Lesers ins Wanken bringen.

Schnallen sie sich an für 100 Seiten geistiger Querschüsse mit Achterbahnfahrt durch den Verstand.

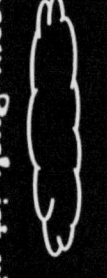

DAS SINNLOSE BUCH   RICKY ROOGLE

Das sinnlos o Buch

Ricky Roogle

Zur Wurmkur

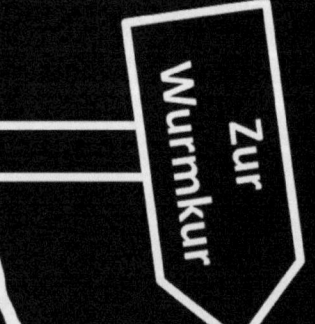

absurd lustige Witze und Rätsel